Gildet på Solhaug

Henrik Ibsen

Gildet på Solhaug
Copyright © JiaHu Books 2014
First Published in Great Britain in 2014 by JiaHu Books – part of Richardson-Prachai Solutions Ltd, 34 Egerton Gate, Milton Keynes, MK5 7HH
ISBN: 978-1-78435-063-5
Conditions of sale
All rights reserved. You must not circulate this book in any other binding or cover and you must impose the same condition on any acquirer.
A CIP catalogue record for this book is available from the British Library
Visit us at: jiahubooks.co.uk

PERSONERNE	5
FØRSTE AKT	7
ANDEN AKT	35
TREDJE AKT	53

PERSONERNE

BENGT GAUTESØN, herre til Solhaug.
MARGIT, hans hustru.
SIGNE, hendes søster.
GUDMUND ALFSØN, deres frænde.
KNUT GÆSLING, kongens foged.
ERIK FRA HÆGGE, hans ven.
EN HUSKARL.
EN ANDEN HUSKARL.
KONGENS SENDEBUD.
EN GAMMEL MAND.
EN PIGE.
GÆSTER, HERRER og FRUER.
MÆND i Knut Gæslings følge.
KARLE og PIGER på Solhaug.

(Handlingen foregår på Solhaug i det fjortende århundrede.)

FØRSTE AKT

(En stadselig stue med dør i baggrunden og på begge sidevæggene. Foran til højre et karnap-vindu med små, runde, blyindfattede ruder, og ved vinduet et bord med en mængde kvindesmykker. Langs væggen til venstre et større bord med sølvkruse, bægre og drikkehorn. Døren i baggrunden fører ud til en åben svalegang, hvorigennem ses et vidt fjordlandskab.)
(Bengt Gautesøn, fru Margit, Knut Gæsling og Erik fra Hægge sidder om drikkebordet til venstre. I baggrunden dels sidder dels står Knuts mænd; et par ølboller går rundt mellem dem. Langt borte høres kirkeklokker, som ringer til højmesse.)

ERIK *(rejser sig op ved bordet)*. Og nu, kort og godt, hvad svar har I at give
mig paa mit ærend som Knut Gæslings bejlermand?

BENGT *(skotter urolig til sin hustru)*. Ja, jeg – jeg tænker nu – *(da hun tier.)* Hm,
Margit, lad os først høre, hvad *du* mener.

MARGIT *(står op)*. Herr Knut Gæsling, – det var mig længe vitterligt,

hvad Erik fra Hægge nys fremsatte om eder.
Jeg véd fuldt vel, at I stammer fra en berømmelig
slægt; I er rig på gods og guld, og vor kongelige
herre er eder synderlig bevågen.

BENGT *(til Knut)*. Synderlig bevågen, – det siger jeg ogsaa.

MARGIT. Og visseligen kunde ikke min søster kåre sig
nogen gævere husbond –

BENGT. Ingen gævere; det er lige det samme, som *jeg*

7

tænker.

MARGIT. – dersom I ellers kan formå hende til at fatte
godhed for jer.

BENGT *(ængstelig og halv sagte)*. Men, – men, min kære hustru –

KNUT *(springer op)*. Ja så, fru Margit! I mener, at eders søster –?

BENGT *(søger at berolige ham)*. Nej vent, Knut Gæsling! Vent nu. I
må forstå
os ret.

MARGIT. Så lidet kan mine ord krænke jer. Min søster
kender eder jo kun af de viser, som er gjort om
eder, – og de viser klinger ilde for høviske øren.
Eders fædres gård er et utrygt hjem
mellem alle de vilde gæster.
Både nat og dag har I gilde med dem.
Krist hjælpe den ungmø, I fæster!
Krist hjælpe den ungmø, I lokker med guld,
med gods eller grønne skove; –
snart vil I se hende sorrigfuld
at længes, under muldet at sove.

ERIK. Nu ja – sandt nok – Knut Gæsling lever
noget vildt og ustyrligt. Men sligt ændrer sig let,
når han får sig en hustru i gården.

KNUT. Og vel skal I mærke jer dette, fru Margit. Det
kan være en uge siden, at jeg var til drikkegilde
på Hægge hos Erik, som her står. Øllet var stærkt;
og da det led ud på kvelden gjorde jeg det løfte,
at Signe, eders fagre søster, skulde vorde min viv,
før året var omme. Aldrig skal det siges Knut Gæsling
på, at han har brudt noget løfte. Derfor ser I
selv, at I må kåre mig til eders søsters husbond,
– enten med det gode eller med det onde.

MARGIT. Før *det* skal ske, vil jeg ikke fordølge,
I må skille jer af med jert ravende følge.
I må ikke længer med skrig og med larm
jage rundt bygden tilhest og i karm;
I må døve den gru, som langvejs står
af Knut Gæslings komme til bryllupsgård.
Høvisk må I te jer, når I rider til gilde;
øksen skal I hjemme bag stuedøren stille; –
I véd, den sidder løs i jer hånd, når mjød
og øl har gjort jer panden fortumlet og rød.
Ærbare kvinder skal I lade med fred;
lad hvermand beholde sit eje;
I må ikke frækt skikke nogen den besked,
at hvis han er klog, så tar han ligskjorten med,
når han færdes på eders veje.
Og arter I jer sådan til året går ud,
så kunde I nok vinde jer min søster til brud.
KNUT *(med indædt harme).* I véd snildt at belægge eders ord, fru Margit.
For sandt – I burde være prest og ikke eders husbonds frue.
BENGT. Å, for den sags skyld, så kunde nok jeg også –
KNUT *(uden at agte på ham).* Men vel skal I mærke jer, at havde en våbenfør
mand talt mig til på slig vis som I, så –
BENGT. Nej men hør nu, Knut Gæsling, – I må forstå os!
KNUT *(som før).* Nu, kort og godt, så skulde han fornummet, at
øksen sidder mig løs i hånden, som I fornylig sagde.
BENGT *(sagte).* Der har vi det! Margit, Margit, dette her går aldrig godt.
MARGIT *(til Knut).* I bad om ærligt svar, og det har jeg givet jer.

9

KNUT. Vel, vel; jeg vil heller ikke regne det så nøje med jer, fru Margit. I har mere kløgt, end alle vi andre tilhobe. Der er min hånd; – kan hænde der er skælig grund for alle de hvasse ord, I sagde mig.

MARGIT. Det må jeg lide; nu er I jo alt på god vej til at bedre jer. Og hør så et ord til. Vi holder gilde her på Solhaug idag.

KNUT. Gilde?

BENGT. Ja, herr Gæsling. I skal vide, det er vor bryllupsdag; idag for tre år siden blev jeg fru Margits mand.

MARGIT *(utålmodig, afbrydende)*. Som jeg sagde, vi holder gilde idag. Når I nu kommer fra kirken og har røgtet eders øvrige ærender, så rider I hid igen og tager del i laget. I kan da lære min søster at kende.

KNUT. Vel, fru Margit; jeg takker jer. Dog var det ikke for at søge kirken, jeg red herned imorges. Min rejse gælder Gudmund Alfsøn, eders frænde.

MARGIT *(studser)*. Ham! Min frænde? Hvor vil I søge *ham*?

KNUT. Hans gård ligger jo bag næsset, på den anden side af fjorden.

MARGIT. Men han selv færdes langvejs herfra.

ERIK. Sig ikke det; han turde være nærmere, end I tænker.

KNUT *(hvisker)*. Ti stille!

MARGIT. Nærmere? Hvad mener I?

KNUT. Har I da ikke hørt, at Gudmund Alfsøn er kommen tilbage til landet igen? Han fulgte med kansleren Audun af Hægranæs, som var sendt til Frankrig for at hente vor nye dronning.

MARGIT. Det er ret nok; men kongens bryllup holdes i
disse dage med stor pragt i Bergen, og der er Gudmund
Alfsøn med.

BENGT. Ja, og der kunde vi også have været med,
såfremt min hustru havde villet.

ERIK *(sagte til Knut).* Fru Margit véd da ikke, at –?

KNUT *(sagte).* Det synes så; men lad dig ikke mærke med
noget. *(højt.)* Nu ja, fru Margit, jeg får lige fuldt
tage afsted på lykke og fromme; ved kveldstid
kommer jeg igen.

MARGIT. Og da får I vise, om I mægter at styre jert
vilde sind.

BENGT. Ja, mærk jer det.

MARGIT. I rører ikke eders økse; hører I, Knut Gæsling!

BENGT. Hverken eders økse eller eders kniv eller hvad
andet værge, I bærer hos jer.

MARGIT. Thi da kan I ingensinde håbe på noget svogerskab
med mig.

BENGT. Nej, det har vi fast bestemt os til.

KNUT *(til Margit).* Vær I bare tryg.

BENGT. Og når vi har bestemt os til noget, så står
det fast.

KNUT. Det kan jeg lide, herr Bengt Gautesøn. Jeg
har det på samme sæt; og jeg har nu engang
drukket på svogerskab mellem os. I får se til, om
ikke jeg også holder fast ved mit ord. – Guds fred
til ikveld!

*(Han og Erik går med mændene ud i baggrunden. Bengt følger
dem til døren. Klokkeringningen er imidlertid ophørt.)*

BENGT *(kommer tilbage).* Det bares mig for, som han trued os, da
han gik.

MARGIT *(tankespredt).* Ja, sådan lod det.

BENGT. Knut Gæsling er ikke god at komme ud for. Og når jeg tænker mig om, så gav vi ham også altfor mange umilde ord. Nå, lad os ikke gruble over den sag. Idag må vi være lystige, Margit! Og det, mener jeg, vi har god grund til begge to.

MARGIT *(smiler tungt).* Ja, tilvisse!

BENGT. Jeg var ikke ganske ung, da jeg bejled til dig, det er sandt. Men den rigeste mand på mange, mange mile, det véd jeg da visst, at jeg var. Du var en fager ungmø, af ædel slægt; men medgiften skulde ikke friste nogen frier.

MARGIT *(hen for sig).* Og dog var jeg dengang så rig.

BENGT. Hvad sagde du, min hustru?

MARGIT. Å, intet, intet. *(går over mod højre.)* Jeg vil pynte mig med perler og ringe. Det er jo min glædesfest ikveld.

BENGT. Slig tale tykkes jeg vel om. Lad mig se, du klæder dig i din bedste stads, så vore gæster kan sige: lyksalig hun, som fik Bengt Gautesøn til husbond.
– Men nu må jeg ud i madburet; der er fuldt op at tage vare på idag.
(han går ud til venstre.)

MARGIT *(segner ned i en stol ved bordet til højre).*
Vel var det han gik. Når jeg ser ham herinde,
det er mig som blodet holdt op at rinde;
det er som en kold, en knugende magt
havde sig rundt om mit hjerte lagt.

(med frembrydende tårer.)

Han er min husbond! Jeg er *hans* viv!
Hvorlænge varer et menneskes liv?
Gud fri mig, – kanhænde halvhundrede år; –
og jeg – i det tre og tyvende går!

(roligere, efter en kort taushed.)
Det er tungt at sukke bag gylden mur;
det er tungt at sidde så længe i bur.

(famler tankespredt mellem smykkerne og begynder at pynte sig.)
Med perler og ringe alt som bedst,
han bad, at jeg smykke mig skulde.
Det var mig en gladere bryllupsfest,
om jeg stædtes til ro under mulde.

(afbrydende.)
Dog, jeg vil ikke mere tænke derpå;
jeg kender en vise, som kan sorgen forslå.

(hun synger.)
Bergkongen red sig under ø;
– så klageligt rinde mine dage –
vilde han fæste den væne mø.
– ret aldrig du kommer tilbage –

Bergkongen red til herr Håkons gård;
– så klageligt rinde mine dage –
liden Kirsten stod ude, slog ud sit hår.
– ret aldrig du kommer tilbage –

Bergkongen fæsted den væne viv;

– så klageligt rinde mine dage –
han spændte en sølvgjord omkring hendes liv.
– ret aldrig du kommer tilbage –

Bergkongen fæsted den liljevånd
– så klageligt rinde mine dage –
med femten guldringe til hver hendes hånd.
– ret aldrig du kommer tilbage –

Tre sommere gik, og der gik vel fem;
– så klageligt rinde mine dage –
Kirsten sad i berget i alle dem.
– ret aldrig du kommer tilbage –

Fem sommere gik, og der gik vel ni;
– så klageligt rinde mine dage –
liden Kirsten så ikke solen i li.
– ret aldrig du kommer tilbage –

Dalen har blomster og fuglesang;
– så klageligt rinde mine dage –
i berget er der guld og en nat *saa* lang.
– ret aldrig du kommer tilbage –

(hun rejser sig og går henover gulvet.)
Den vise sang Gudmund så mangen kveld,
da han var hos min fader hjemme.
Der er noget deri, – jeg véd ikke selv, –
der er noget, som jeg aldrig kunde glemme;
der er noget, som mægtigt fyldte min hu, –
som jeg aldrig forstod, – som jeg grubler på endnu.
(forfærdet, standser.)
Røde guldringe! Beltet om mit liv –!

Med guld var det bergkongen fæsted sin viv!
(fortvilet; synker ned på en bænk ved bordet til venstre.)
Ve mig! Selv er jeg bergkongens brud!
Og ingen – ingen kommer for at løse mig ud.
(Signe, glædestrålende, kommer løbende ind fra baggrunden.)
SIGNE *(råber)*. Margit, Margit, – han kommer!
MARGIT *(springer op)*. Kommer? Hvem kommer?
SIGNE. Gudmund, vor frænde!
MARGIT. Gudmund Alfsøn! Her! Hvor kan du tro –?
SIGNE. Å, jeg er viss på det.
MARGIT *(går over mod højre)*. Gudmund Alfsøn er med til
    bryllupsgildet i kongsgården;
    det véd du lige så godt som jeg.
SIGNE. Kan være; men endda så er jeg sikker på, det
    var ham.
MARGIT. Har du da set ham?
SIGNE. Å nej, nej; men nu skal du høre –
MARGIT. Ja, skynd dig, – fortæl!
SIGNE. Det var sig årle, da klokkerne klang,
    mig lysted at ride til kirke;
    de vildene fugle kviddred og sang
    alt mellem siljer og birke.
    Der var en gammen i luft og i li;
    kirketiden fast var omme;
    thi alt som jeg red ad den skyggefulde sti
    mig vinked hver rosenblomme.
    Jeg trådte så tyst på kirkegulvet ind;
    presten stod højt i koret;
    han sang og læste; med andagt i sind
    lytted mænd og kvinder til ordet.
    Da hørtes en røst over fjorden blå;

mig tyktes, at alle de billeder små
vendte sig om for at lytte derpå.
MARGIT. Hvad mere? Signe, – tal ud, tal ud!
SIGNE.
Det var som et dybt, et ufatteligt bud
maned mig udenfor kirkens mur
over hej og dal, gennem li og ur.
Mellem hvide birke jeg lyttende skred;
jeg vandrede fast som i drømme;
øde stod bag mig det hellige sted;
thi prest og kirkefolk vandrede med,
mens det koglende kvad monne strømme.
Der var så stille på kirkesti;
mig tyktes, at fuglene lytted i li,
at lærken daled og gøken taug,
og at det svared fra fjeld og haug.
MARGIT. Bliv ved!
SIGNE. Da korsed sig mand og kvinde;
(med hænderne mod brystet.)
men sælsomme tanker steg op herinde.
Fuldt vel jeg kendte den dejlige sang;
Gudmund har sunget den mangen gang;
Gudmund har sunget den mangen kveld, –
og alt, hvad han har sunget, det mindes jeg vel.
MARGIT. Og du tror, det skulde være –?
SIGNE. Jeg véd det så visst!
Tro mig, mit ord skal du sande.
(leende.)
Kommer ikke hver en liden sangfugl tilsidst
igen fra de fremmede lande?
Jeg véd ikke selv, – men jeg er så glad –!

Der falder mig ind –. Margit, véd du hvad?
Hans harpe har hængt så længe
på væggen derinde. Jeg vil tage den ned;
jeg vil pudse den blank og stille den beredt
og stemme dens gyldne strænge.

MARGIT *(åndsfraværende)*. Gør, som dig lyster –
SIGNE *(bebrejdende)*. Det er ikke ret.
(omfavner hende.)
Når Gudmund kommer, vil du atter vorde let
tilsinds, som da Signe var liden.

MARGIT *(hen for sig)*. Så mangt har forandret sig siden – –
SIGNE. Margit, du *skal* være fro og glad!
Har du ikke terner og svende?
I dit kammer hænger kostelige klæder på rad.
Å Krist, hvilken rigdom uden ende!
Om dagen kan du ride dig i lunden sval,
at vejde den vilde rå;
om natten kan du sove i fruersal
på silkebolsterne blå.

MARGIT *(ser mod karnappet)*. Og *han* skulde komme til Solhaug
som gæst!
SIGNE. Hvad siger du?
MARGIT *(vender sig)*. Intet. – Gå; smyk dig som bedst.
Min lykke, den, du så lydt monne prise,
kunde times dig selv.
SIGNE. Hvad mener du vel?
MARGIT *(stryger hendes hår)*. Jeg mener –; nu ja, det vil sig jo
vise –;
jeg mener, – hvis en bejler red sig hid ikveld –;
SIGNE. En bejler? Til hvem?
MARGIT. Til dig.

Signe *(med latter)*. Til mig?
Å, da er han kommen på den urette vej.
Margit. Hvad vilde du svare, hvis høvisk han bad
om din tro?
Signe. Jeg vilde svare, jeg er for glad
til at tænke på bejlere eller på sligt.
Margit. Men hvis han var mægtig? Hvis hans hus var rigt?
Signe. Å, var han end konge, med hallen fuld
af dyre klæder og røden guld,
det skulde så lidet mig friste.
Nu bæres det mig for, jeg er rig nok med mig selv,
med sommer og sol og den susende elv,
med dig og de fugle på kviste.
Kære søster min, – her vil jeg bygge og bo;
og at skænke nogen bejler min hånd og min tro,
dertil har jeg ikke tid; dertil er jeg for fro!
(hun iler syngende ud til venstre.)
Margit *(efter et ophold)*. Gudmund Alfsøn skulde komme hid?
Hid –
til Solhaug? Nej, nej, det kan ikke være. – Signe
havde hørt ham synge, sagde hun. Når jeg hørte
granerne suse dybt derinde i skoven, når jeg hørte
fossen rulle og fuglene lokke i trætoppene, da bares
det mig tidt nok for, som om Gudmunds kvæder
blanded sig alt imellem. Og dog var han langvejs
herfra. – Signe har skuffet sig selv. Gudmund
kommer ikke.
Bengt *(i hastværk, fra baggrunden, råber)*. En uventet gæst, min
hustru!
Margit. Og hvem?
Bengt. Gudmund Alfsøn, din frænde! *(råber ud gennem døren til*

højre.) Det bedste gæstekammer må holdes rede –
og det på stand!

MARGIT. Han er da alt på gården?

BENGT *(ser ud gennem svalegangen).* Ikke så lige endnu; men længe vil det ikke
vare. *(råber ud til højre igen.)* Den snittede egeseng med
dragehovederne! *(går hen til Margit.)* Hans våbendrager
bragte bud og hilsen fra ham; selv følger han efter.

MARGIT. Hans våbendrager? Kommer han hid med våbendrager?

BENGT. Ja, det skulde jeg vel mene. En våbendrager
og sex rustede mænd er hos ham. Nå ja, Gudmund
Alfsøn er jo også en hel anden mand nu, end
dengang han drog ud på langfærd. Men jeg må ned
og tage imod ham. *(råber ud.)* Læg gyldenlæderssadlen
på min hest! Og glem ikke bidslet med
ormehovederne! *(ser ud i baggrunden.)* Au, der er han
alt ved ledet! Nå, så min stav da; min sølvknappede
stav! Slig en herre, – Krist fri mig – ham må vi
tage imod med ære, med stor ære!
(han går skyndsomt ud i baggrunden.)

MARGIT *(grublende).* Han vandred fra bygden som den fattigste
svend.
Nu kommer han med væbner og med rustede mænd.
Hvad vil han? Er det hans agt at se,
om bittert jeg nages af kummer og ve?
Lyster det ham at prøve og friste,
hvad jeg mægter at bære, før hjertet må briste?
Mener han, at –? Ah, prøv kun derpå;
så ringe en fryd skal du deraf få!
(hun vinker ud gennem døren til højre.)

19

(*Tre piger kommer ind i stuen.*)
MARGIT. I høre mig vel, mine terner små;
I bringe mig på stand min silkekåbe blå.
I følge mig flugs i fruerstuen ind,
at klæde mig høvisk i fløjel og skind.
To af jer skal klæde mig i skarlag og mår,
den tredje skal vinde perler i mit hår.
I bære mig alle mine smykker did ud!
(*Pigerne går med smykkeskrinene ud til venstre.*)
MARGIT. Så vil jeg! Margit er jo bergkongens brud.
Vel! Jeg får at bære mit kongelige skrud.
(*hun går ud til venstre.*)
(*Bengt fører Gudmund Alfsøn ind gennem svalegangen i baggrunden.*)
BENGT. Og endnu en gang, – hil eder under Solhaugs tag, min hustrus frænde!
GUDMUND. Jeg takker jer. Og hvordan går det hende? Hun lider dog *vel* i alle måder, vil jeg tro?
BENGT. Ja, det kan I sværge på, hun gør. Der fattes hende intet. Hele fem terner kan hun byde og råde over; en fuldt sadlet ganger står rede, så snart det kun lyster hende. Nå, snart sagt, så har hun alt, hvad en høvisk kvinde kan begære for at være fornøjet i sine kår.
GUDMUND. Og Margit, – hun er da vel fornøjet?
BENGT. Gud og hver mand skulde tro, hun måtte være det; men, sælsomt nok –
GUDMUND. Hvad mener I?
BENGT. Ja, enten I nu vil tro det eller ikke, så bæres det mig for, at Margit var lystigere til sinde alt imens hun leved i fattige kår, end siden hun blev

frue på Solhaug.

GUDMUND *(hen for sig).* Jeg vidste det jo nok; sådan måtte det gå.

BENGT. Hvad siger I, frænde?

GUDMUND. Jeg siger, højligen undrer mig, hvad I fortæller om eders hustru.

BENGT. Ja, mener I ikke, det går mig lige så? Jeg vil aldrig gælde for en ærlig herremand mere, dersom jeg skønner, hvad hun yderligere kan ønske sig. Jeg er om hende så lang dagen er; og ingen skal kunne sige mig på, at jeg holder hende strængt; alt tilsyn med hus og gård har jeg taget på mig; og ikke desmindre –. Nå, I var jo altid en lystig svend; jeg tænker nok, I bringer solskin med jer. Hys; der kommer fru Margit! Lad jer ikke mærke med, at jeg –

(Margit kommer i rig dragt fra venstre.)

GUDMUND *(går hende imøde).* Margit, – kære Margit!

MARGIT *(standser, ser fremmed på ham).* Forlad mig, herr ridder; men –? *(som om hun først nu genkendte ham.)* For sandt, hvis jeg ikke fejler, så er det Gudmund Alfsøn.

(rækker hånden frem.)

GUDMUND *(uden at tage den).* Og du kendte mig ikke straks igen?

BENGT *(leende).* Nej men, Margit, hvad tænker du dog på? Jeg meldte dig jo nylig, at din frænde –

MARGIT *(går over mod bordet til højre).* Tolv år er en lang tid, Gudmund. Den friskeste urt kan dø i tiende led imens –

GUDMUND. Det er syv år siden vi sidst sås.

MARGIT. Tilvisse, det må være længere siden.

GUDMUND *(ser på hende).* Jeg kunde fristes til at tro det; men det er

dog
som jeg siger.

MARGIT. Hel sælsomt. Jeg var dog visst et barn dengang; og det tykkes mig en evig lang tid siden jeg var barn. *(kaster sig ned i en stol.)* Nå, sæt eder, min frænde! Hvil eder ud; ikveld skal I forlyste os med eders sang. *(med et tvungent smil.)* Ja, I véd vel, vi er glade her på gården idag, – vi holder gilde.

GUDMUND. Det blev mig sagt, ret som jeg gik ind på tunet.

BENGT. Ja, idag for tre år siden blev jeg –

MARGIT *(afbrydende).* Min frænde har alt hørt det. *(til Gudmund.)* Vil I
ikke lægge eders kappe bort?

GUDMUND. Jeg takker eder, fru Margit; men det bæres mig for, som her er koldt, – koldere, end jeg havde ventet.

BENGT. Da er jeg både sved og varm; men jeg har også fuldt op at tage vare på. *(til Margit.)* Lad nu ikke tiden falde lang for vor gæst, mens jeg er ude. I kan jo snakke sammen om gamle dage. *(vil gå.)*

MARGIT *(tvilrådig).* Går du? Vil du ikke heller –?

BENGT *(leende, til Gudmund, idet han kommer tilbage.)* Ser I vel; herr Bengt til Solhaug er manden, som forstår at færdes mellem kvindfolk. Der er ikke den stund så kort, at min hustru kan være mig foruden. *(til Magrit, idet han tager hende under hagen.)* Vær du trøstig; jeg skal snart være hos dig.

MARGIT *(hen for sig).* Å, kval og harm at måtte lide alt dette. *(kort taushed.)*

GUDMUND. Hvorlunde lever eders søster kære?
MARGIT. Jeg takker; hel vel.
GUDMUND. Det blev sagt, hun skulde
være hos eder.
MARGIT. Her har hun været siden jeg –
(slår om.)
For tre år siden kom hun til Solhaug med mig.
(lidt efter.)
Hun træder visst snart i stuen herind.
GUDMUND. Signe havde fordum så vennesælt sind;
hun kendte ej list eller rænke;
når jeg kommer ihu hendes øjne blå,
jeg må på guds engle tænke.
Dog, mangt kan i syv års tid forgå.
Sig mig, – mens fjernt fra bygden jeg vandred,
har også hun sig så stærkt forandret?
MARGIT *(tvungent spøgende).* Hun også? Er det i kongens gård
slig høvisk tale man lærer?
I minder mig om, hvordan tiden *lærer* –
GUDMUND. Margit, hel vel mine ord I forstår.
Engang var I mig begge så blide;
I græd, da jeg skulde fra bygden ride;
vi loved at holde som søskende sammen
i fryd og i ve, i nød og i gammen.
I lyste som en sol mellem jomfruer små;
så viden om land eders ry monne gå; –
fuldt vel er I endnu så fager en kvinde.
Men Solhaugs frue, kan jeg mærke, har glemt
den fattige frænde. Så umildt er I stemt,
I, der engang var så vennesæl til sinde.
MARGIT *(næsten tårekvalt).* Ja engang –!

GUDMUND *(ser deltagende på hende, tier lidt og siger med dæmpet stemme)*:
Eders husbond bød os at korte
tiden med at melde om gammelt og kært.
MARGIT *(heftigt)*. Nej, nej; ikke derom!
(roligere.)
Det falder mig så svært
at mindes; den ting har jeg aldrig lært.
Meld heller om de år, I var borte; –
den tid er vel ej på bedrift så arm;
meget må I kunne mig berette;
derude er jo verden både vid og varm, –
der er sindet og tankerne lette.
GUDMUND. I kongens hal var jeg aldrig så fro,
som dengang jeg var smådreng i den fattige bo.
MARGIT *(uden at se på ham)*. Og jeg – hver dag, jeg på Solhaug bode,
takked himlen, at den gjorde mine kår så gode.
GUDMUND. Vel eder, dersom I kan takke fordi –
MARGIT *(heftigt)*. Og er jeg da ikke hædret og fri?
Kan jeg ikke byde, som det huer mig bedst?
Kan jeg ikke, alt som det lyster mig, råde?
Her er jeg den første; ingen sidder mig næst;
Og det, véd I, var mig altid til måde.
I tænkte nok at finde mig kummerlig og træt;
men I ser, jeg er fro, mit sind er let.
Se, derfor kunde I sparet jert komme
til Solhaug; det vil jer kun lidet fromme.
GUDMUND. Hvad mener I, fru Margit?
MARGIT *(rejser sig)*. Tilfulde jeg véd,
hvad der fører jer ind i min enlige stue.

GUDMUND. I véd, hvi jeg kommer? Og det er jer ikke med?
(hilser og vil gå.)
Guds fred og farvel da, min ædle frue!
MARGIT. Det var eder mere til ære, ifald
I var bleven, hvor I var, i kongens hal.
GUDMUND *(standser).* I kongens hal? Kan I spotte min nød?
MARGIT. Eders nød? Nu, højt må I hige, frænde;
jeg gad vide, hvor I tænker at ende!
I kan eder klæde i fløjel rød,
er kongens mand, ejer gods og guld –
GUDMUND. Bedst må I vide, om lykken er mig huld.
I sagde fornylig, fuldt vel I vidste
mit ærend på Solhaug –
MARGIT. Det véd jeg forsand!
GUDMUND. Da kender I og, hvad jeg nys måtte friste; –
da véd I, jeg er en fredløs mand.
MARGIT *(skrækslagen).* Fredløs! Du, Gudmund!
GUDMUND. Det er jeg for visst.
Dog sværger jeg dyrt, ved den hellige Krist,
havde jeg kendt eders tanker og sind,
aldrig var jeg tyet på Solhaug ind.
Jeg mente, I endnu var mild og god,
alt som dengang jeg eder forlod;
men jeg vil ikke trygle; skoven er stor,
og sikker er min hånd og min bue; –
langt heller være hejens sten mit bord
og bjørnehiet min stue.
(vil gå.)
MARGIT *(holder ham tilbage).* Fredløs! Nej, bliv! Jeg sværger dig til,
slet intet jeg derom vidste.
GUDMUND. Det er, som jeg siger. Mit liv står på spil;

og livet vil hver mand friste.
Tre nætter lå jeg som hunden ude;
på fjeldet jeg hvilte mine mødige ben
og læned mit hoved til urens sten.
At tigge om ly, om bolster og pude
i fremmed folks hus, det var mig for tungt;
min tro var jo frejdig; mit håb var ungt;
jeg tænkte: når du til Solhaug kommer,
da er du frelst fra al din kvide;
der finder du venner; på dem kan du lide. –
Men håbet er skørt som markens blommer.
Eders husbond mødte mig med horn og krus;
han åbned for mig både dør og porte; –
men øde tykkes mig eders hus;
hallen er mørk; mine venner er borte.
Nu godt; jeg stiger på ny til fjelds.

MARGIT *(bønligt).* Å, hør mig!

GUDMUND. Mit sind er ej som en træls.
Nu tykkes mig livet en usselig gave;
jeg agter det fast for intet værd.
Skrinlagt har I alt, hvad der var mig kært;
mit fagreste håb jeg måtte begrave.
Farvel da, fru Margit!

MARGIT. Nej, Gudmund, hør!
Ved gud og mænd –!

GUDMUND. Forlyst dig som før;
lev du i gammen og ære;
så lidet skal Gudmund mørkne din dør;
ret aldrig han skal dig besvære.

MARGIT. Nu er det nok. Dine bittre ord
vil volde dig anger og kvide.

Havde jeg vidst, at du fredløs foer
alt over strande så vide, –
tro mig, da var det min kæreste dag,
da du tyed ind under Solhaugs tag;
da var det for visst min gladeste fest,
når den fredløse meldte sig her som gæst.

GUDMUND. Du siger –! Hvad skal jeg tænke og tro?

MARGIT *(rækker ham hånden)*. At frænder og venner på Solhaug bo.

GUDMUND. Men det, som du nys –?

MARGIT. Agt ikke derpå.
Hør mig, så vil du det hele forstå.
For mig er livet en nat så sort;
der er ikke sol eller stjerne.
Og intet mægter min kvide at fjerne;
thi, ak, jeg har byttet min ungdom bort.
Mit frejdige sind jeg solgte for guld;
jeg hilded mig selv i brogede lænker.
Tro mig, så klageligt vederlag skænker
rigdom, når barmen er sorrigfuld.
Dengang vi var børn, – hvor var jeg da fro!
Vore kår var ringe, fattigt vort bo;
men rigt var håbet i mit bryst herinde.

GUDMUND, *(der ufravendt har betragtet hende)*.
Og du arted dig alt til den dejligste kvinde.

MARGIT. Kan være; men al den lov og pris,
jeg hørte, det blev til min lykkes forlis.
Du måtte bort til de fremmede lande;
men alle dine kvæder graved sig ind
dybt i mit hjerte, dybt i mit sind,
og sløred med tanker min pande.
Du havde sunget om al den lyst,

som mægter at rummes i et menneskes bryst;
du havde sunget om det frejdige liv
blandt herrer og fruer. Alt som bedst
kom bejlere fra øst og bejlere fra vest;
og så – så blev jeg min husbonds viv.

GUDMUND. Å, Margit!

MARGIT. Der gik ikke lang tid hen,
før jeg måtte så bitterlig græde.
At tænke på dig, min frænde, min ven,
det blev min eneste glæde.
Hvor det tyktes mig tomt i Solhaugs hal
og i alle de store stuer!
Her gæsted os riddere, herrer og fruer;
her sang mig til ære så mangen skald;
men der var ikke én, som ret mig forstod,
ikke én, som fatted min jammer; –
jeg frøs, som sad jeg i bergets kammer;
dog værked mit hoved, dog brændte mit blod.

GUDMUND. Men din husbond –?

MARGIT. Han var mig aldrig kær!
hans guld var alt, hvad mig hilded;
talte han til mig, sad han mig nær,
blev mit sind af kvide forvildet.
(slår hænderne sammen.)
Og sådan har jeg levet i årene tre!
Mit liv var en evig, en endeløs ve.
Dit komme rygtedes; visst du kender
den stolthed, som dybt i mit hjerte brænder;
jeg dulgte min nød, jeg gemte min kvide;
thi du måtte mindst af alle den vide.

GUDMUND *(bevæget)*. Og derfor var det, du vendte dig bort –.

MARGIT *(uden at se på ham)*. Jeg tænkte, du kom for at spotte min
vånde.
GUDMUND. Margit, kunde du tro –?
MARGIT. Nu, kort
og godt, der var grund nok for hånde.
Dog, himlen være takket, nu er det forbi;
jeg står ikke længer alene;
om barmen er jeg så let og fri,
som et barn under abildgrene.
(farer sammen i skræk.)
Ah, hvad falder mig ind! Hvor kunde jeg glemme –!
Alle helgene se til mig nådigt ned!
Fredløs, sagde du –?
GUDMUND *(smiler)*. Nu er jeg hjemme;
her lader mig kongens mænd med fred.
MARGIT. Men du, som nylig stod højt i agt, –
sig mig hvorlunde –?
GUDMUND. Snart er det sagt.
Du véd, jeg var i de franske riger,
da kansleren, Audun fra Hægranæs, drog
did fra Bergen med et fyrsteligt tog,
at føre prinsessen med svende og piger
og skatte til Norge som kongens brud.
Herr Audun var så fager og prud;
prinsessen var den livsaligste kvinde.
Hendes øjne kunde bede den varmeste bøn; –
de talte tilhobe, de hvisked i løn.
Hvorom? Det var svært at finde. –
Det var sig en nat; jeg læned mig tyst
op imod snekkens side;
mine tanker stævned mod Norges kyst

alt med de måger hvide.
Da hvisked to røster bag ved min ryg; –
jeg vendte mig om; – det var ham og hende ;
de så mig ikke; jeg sad så tryg;
dog kunde jeg begge kende.
Hun så på ham med et klageligt blik
og hvisked: ak, dersom farten gik
mod syd til de dejlige lande,
og var vi alene på snekken, vi to,
da tror jeg for visst mit hjerte fandt ro,
da brændte visst ikke min pande!
Genmæled herr Audun; hun svared ham kæk,
svared med ord så hede, så vilde;
jeg så hendes øjne som stjerner spille;
hun bad ham –
(afbrydende.)
Det greb mig med rædsel og skræk.

MARGIT. Hun bad –?

GUDMUND. Jeg foer op; i hast de forsvandt;
alene stod jeg på skibets dæk; –
(tager en liden flaske frem.)
men hvor de havde siddet, denne jeg fandt.

MARGIT. Og den –?

GUDMUND *(med dæmpet stemme)*. Den rummer en gådefuld saft; –
en dråbe deraf i din uvens bæger, –
så sagtelig sygner hans livsenskraft,
og intet i verden ham hjælper og læger.

MARGIT. Men sig mig –?

GUDMUND *(hviskende)*. Den var for kongen bestemt.

MARGIT. Alle helgener!

GUDMUND *(idet han atter forvarer flasken)*. Vel, at jeg fik den

gemt. –
Tre dage efter var farten tilende.
Så lønligt flygted jeg med mine svende;
jeg vidste jo nok, i kongens hal
vilde Audun listelig volde mit fald, –
vilde forklage mig –
MARGIT. Nu er forbi
din værste nød; snart er alt ved det gamle.
GUDMUND. Alt? Nej, Margit, – dengang var du fri.
MARGIT. Du mener –?
GUDMUND. Jeg? Intet. Å, lad mig samle
mine tanker; jeg er så frejdig og fro
fordi jeg, som fordum, er hos eder to.
Men, sig mig, – Signe –?
MARGIT *(peger smilende mod døren til venstre)*. Hun kommer snart.
Hun må jo pynte sig lidt for sin frænde,
og det er vel ikke gjort i en fart.
GUDMUND. Jeg må se, om hun endnu kan mig kende.
(han går ud til venstre.)
MARGIT *(ser efter ham)*. Hvor han er fager og mandig. *(med et suk.)*
Der
er ikke megen lighed mellem ham og – *(rydder lidt op ved drikkebordet, men standser igen dermed.)* Dengang var
du fri, sagde han. Ja, dengang! *(kort taushed.)* Det
var en sælsom fortælling, den om prinsessen, som –.
Hun havde en anden kær, og så –. Ja, disse
kvinder i de fremmede lande, – jeg har hørt det
før, – de er ikke veke som vi; de ræddes ikke for
at gøre en tanke til dåd. *(tager et bæger, som står på bordet.)*
Af dette bæger drak Gudmund og jeg på et frydeligt
gensyn, da han rejste. Det er fast det eneste

arvestykke, jeg bragte med til Solhaug. *(sætter bægeret ind i et vægskab.)* Hvor blid denne sommerdag er. Her er så lyst herinde. Så lifligt har ikke solen skinnet i tre år.

(Signe, og efter hende Gudmund kommer ind fra venstre.)

SIGNE *(løber leende hen til Margit).* Ha-ha-ha! Han vil ikke tro, det er mig!

MARGIT *(smilende, til Gudmund).* Ser du; mens fjernt fra bygden du vandred,
har også *hun* sig så stærkt forandret.

GUDMUND. Tilvisse! Men at hun skulde –! Nej, nej,
det var dog aldrig faldet mig ind.
(griber Signes hænder og ser på hende.)
Og dog, dit uskyldige barnesind
læser jeg endnu i øjnene blå; –
hvor kan jeg da længer tvile derpå!
Jeg må le, når jeg mindes, hvor tidt jeg har
tænkt dig sålunde, som dengang jeg bar
dig på mine arme. Da var du et barn;
nu er du en huldre, som kogler og gækker.

SIGNE *(truer med fingeren).* Ja, vogt dig! Hvis hulderens harme du vækker, –
pas på, – hun hilder dig i sit garn!

GUDMUND *(hen for sig).* Næsten bæres mig for, som det alt var sket.

SIGNE. Men vent; du har jo end ikke set
hvorlunde jeg har holdt din harpe i ære.
(idet hun går ud til venstre.)
Nu må du mig alle dine kvæder lære!

GUDMUND *(sagte, ser efter hende).* Sprungen ud som den fagreste rosenblomme,
der endnu var knop ved dagens komme.

SIGNE *(bringer harpen).* Se her!
GUDMUND *(griber den).* Min harpe! Så blank som før!
(slår nogle toner.)
Der er endnu klang i de gamle strenge; –
nu skal du ikke længer på væggen hænge –
MARGIT *(ser ud i baggrunden).* Hist kommer vore gæster.
SIGNE *(mens Gudmund indleder sin sang).* Hys, – stille! Å hør!
GUDMUND *(synger).*
Jeg vandred i lien så tung og så ene;
de småfugle kviddred fra busker og grene;
så listeligt kviddred de sangere små:
hør til, hvordan kærlighed monne opstå!

Den vokser som eken i årene lange;
den næres ved tanker og sorger og sange.
Den spirer så let; i den flygtigste stund
fæster den rødder i hjertets grund!

(Han går under efterspillet op mod baggrunden, hvor han sætter harpen fra sig.)
SIGNE *(tankefuld, gentager for sig selv).*
Den spirer så let; i den flygtigste stund
fæster den rødder i hjertets grund.
MARGIT *(adspredt).* Talte du til mig? – Jeg hørte ikke ret –?
SIGNE. Jeg? Nej visst ikke. Jeg mente kun –
(synker atter hen som i drømme.)
MARGIT *(halv højt; ser frem for sig).* Den vokser som eken i årene lange;
den næres ved tanker og sorger og sange.
SIGNE *(opvågnende).* Du siger, at –?
MARGIT *(farer med hånden over panden).* Å, det var intet. Kom; vi

33

må gå vore gæster
i møde.
(Bengt kommer med mange gæster, mænd og kvinder, ind gennem svalegangen.)
GÆSTERNE *(synger)*:
Over tilje med sang og strengespil
i gildestuen vi træde.
Guds fred vi ønsker den frue mild;
vi ønsker både gammen og glæde.
Gid altid en himmel, så lys som idag,
over Solhaugs tag
må sig brede!

ANDEN AKT

(En birkelund, der støder op til huset, hvoraf et hjørne ses til venstre. En fodsti fører op i lien i baggrunden. Til højre for stien fosser en elv nedover og taber sig mellem fjeldstykker og stene. Det er lys sommernat. Døren til huset står åben; vinduerne er oplyste. Musik høres derinde.)

GÆSTERNE *(synger i gildestuen).*
Lad fedlen klinge; ved strengeklang
træder vi dansen den nat så lang.
Hvor lystigt at trine på tilje!
Den jomfru brænder så skær som et blod;
det er sig den smådreng, bold og god,
han favner den væne lilje!

(Knut Gæsling og Erik fra Hægge kommer ud fra huset. Musik, dans og lystighed vedbliver under det følgende at lyde dæmpet derinde.)
ERIK. Bare det ikke kommer til at angre dig, Knut.
KNUT. Lad du mig om det.
ERIK. Ja, ja, voveligt er det dog. Du er kongens
   foged. Der udgår herrebud til dig, at du skal fange
   Gudmund Alfsøn, hvor du kan komme over ham.
   Og nu, da du har ham lige i næven, så tilsiger du
   ham dit venskab og lader ham færdes frit, hvor det
   lyster ham.
KNUT. Jeg véd, hvad jeg gør. I hans egen stue har
   jeg søgt ham, og der var han ikke at finde. Og
   dersom jeg nu forsøgte på at gribe ham *her*, –

35

mener du da, at fru Margit var tilsinds at give mig
Signe til hustru?

ERIK *(langtrukket).* Nej, med det gode blev det vel ikke, men –

KNUT. Og med det onde gad jeg nødig gå frem. Gudmund
er jo også min ven fra gamle tider; og han
kan gøre mig nytte. *(bestemt.)* Derfor bliver det, som
jeg har sagt. Ikveld skal ingen her på gården vide,
at Gudmund Alfsøn er fredløs; – imorgen får han
se at hjælpe sig selv.

ERIK. Ja, men kongens lov?

KNUT. Å, kongens lov! Du véd lige så godt som jeg,
kongens lov agtes ikke stort her inde i bygderne.
Skulde kongens lov gælde, så måtte mangen staut
karl iblandt os bøde både for bruderov og manddrab.
– Kom nu her! Jeg gad vide, hvor Signe –?

(de går ud til højre.)

(Gudmund og Signe kommer nedover fodstien i baggrunden.)

SIGNE. Å tal! Bliv ved! Lad mig lytte dertil;
det høres som det væneste strengespil.

GUDMUND. Signe, min fagre, min yndelige lilje!

SIGNE *(med glad og stille forundring).* Jeg – jeg er ham kær!

GUDMUND. Det er ingen som du.

SIGNE. Jeg skulde mægte at binde din vilje;
jeg skulde mægte at fylde din hu!
Å, tør jeg tro dig!

GUDMUND. Det tør du for sandt.
Hør mig, Signe. Medens årene randt
tænkte jeg trofast både vinter og sommer
på eder to, mine fagreste blommer.
Men jeg kunde ikke fuldt mine tanker forstå; –
da jeg rejste, var du som alferne små, –

som alferne små, der færdes i skove
og lege som bedst, når vi drømme og sove.
Men idag, da jeg stod i Solhaugs stue,
da forstod jeg mig selv tilfulde, –
forstod, at Margit var så stolt en frue,
men du den allerdejligste blandt ungmøer hulde.

SIGNE, *(der kun halvt har lyttet til hans ord).*
Jeg mindes, vi sad ved arnens glød
en vinterkveld, – nu er det længe siden; –
du sang for mig om den jomfru liden,
som nøkken havde lokket ned i sit skød.
Der glemte hun bort både fader og moder;
der glemte hun bort både søster og broder;
hun glemte bort både himmel og jord,
hun glemte sin gud og hvert kristent ord.
Men tæt under strande den smådreng stod;
han var tilsinde så mødig og mod;
med kvide han slog sin harpes strenge,
så vide det klang både lydt og længe.
Den jomfru liden på tjernets bund
vågned derved af sin tunge blund;
nøkken måtte slippe hende ud af sit skød;
mellem liljerne hen over vandet hun fløed; –
da kendte hun igen både himmel og jord,
da fatted hun tilfulde både gud og hans ord.

GUDMUND. Signe, min dejligste blomme!

SIGNE. Som hun
gik også jeg i en drømmende blund;
de gådefulde ord, du ikveld har mig sagt
om kærligheds magt, har mig frydeligt vakt.
Aldrig tyktes himlen mig før så blå,

aldrig så fager den verden vide;
mig tykkes, jeg kan fuglenes røst forstå,
når jeg vandrer med dig under lide.

GUDMUND. Så mægtig er elskov; – i menneskets bryst
vækker den tanker og længsel og lyst. –
Men kom, lad os begge til din søster gå ind.

SIGNE *(undsélig).* Vil du sige hende –?

GUDMUND. Alt bør hun kende.

SIGNE *(som før).* Ak, gå da alene; – jeg véd det, min kind
vil derinde af blusel brænde.

GUDMUND. Nu godt; jeg går.

SIGNE. Og jeg venter dig her;
(lytter mod højre.)
eller bedre, – nede ved elven, der
hører jeg Knut Gæsling; der er piger og svende.

GUDMUND. Der bier du?

SIGNE. Til du har talt med hende.

(Hun går ud til højre. Gudmund går ind i huset.)

(Margit kommer fra venstre bag ved huset.)

MARGIT. I stuen er både gammen og glæde;
fruer og svende monne dansen træde.
Det blev mig så lummert om pande og bryst;
Gudmund var ikke derinde.
(ånder dybt.)
Herude er det godt; her er det tyst,
her svaler mig nattens vinde.
(grublende taushed.)
Denne hæslige tanke –; jeg kan ej forstå –;
den følger mig, hvor jeg end monne gå.
Flasken, – der rummer en gådefuld saft –?
En dråbe deraf i min – uvens bæger, –

så sagtelig sygner hans livsenskraft,
og intet i verden ham hjælper og læger.
(atter taushed.)
Vidste jeg, at Gudmund –; havde han mig kær, –
da agted jeg lidet –
(Gudmund kommer ud gennem husdøren.)
GUDMUND. Margit, er du der?
Hvi går du så alene? Jeg har søgt dig overalt.
MARGIT. Derinde er lummert, herude så svalt.
Ser du, hvorlunde de tåger hvide
sagtelig hen over myren glide?
Her er ikke hverken mørkt eller lyst;
det er midt imellem begge –
(hen for sig.)
ret som i mit bryst.
(ser på ham.)
Ej sandt, – når du færdes i slig en nat,
du véd ikke selv hvordan det er fat;
men du føler, der rører sig et lønligt liv
i busk og i blad, i blomster og siv!
(med pludselig overgang.)
Véd du, hvad jeg ønsker?
GUDMUND. Nu?
MARGIT. At jeg var
huldren, som sidder i lien derinde.
Hvor skulde jeg listigt min trolddom spinde!
Tro mig –!
GUDMUND. Hvad fattes dig, Margit? Svar!
MARGIT *(uden at høre på ham).* Hvor skulde jeg kvæde, hvor skulde
jeg klage!
Klage og kvæde både nætter og dage!

(med stigende heftighed.)
Hvor skulde jeg lokke den frejdige svend
gennem lierne grønne til bergets kammer; –
der kunde jeg glemme al verdens jammer;
der kunde jeg brænde og leve med min ven!

GUDMUND. Margit! Margit!

MARGIT *(stedse voldsommere).* Ved midnatsstund
sov vi i lien den sødeste blund; –
og rammed mig døden, når solen randt, –
hvor lystigt at dø på slig vis; – ej sandt?

GUDMUND. Du er syg!

MARGIT *(brister ud i latter).* Ha, ha, ha! Å, lad mig le!
Lad mig le! Det gør mig så godt.

GUDMUND. Jeg kan se,
du har endnu det samme ustyrlige sind,
som fordum –

MARGIT *(pludselig alvorlig).* Du må ikke undres derover;
det er kun ved midnat, når menneskene sover;
om dagen er jeg så ræd som en hind.
Og hvad er det vel mere? Mindes dig kun
hine kvinder i fremmede lande, – hun,
den fagre prinsesse; – se, *hun* var vild;
mod hende er jeg som lammet mild.
At længes og hige hun voved ej blot;
hun pønsed på dåd; og se *det* –

GUDMUND. Det er godt,
du minder mig derom; jeg vil ikke længer
gemme på det, jeg så lidet trænger.
(tager flasken frem.)

MARGIT. Flasken! Du mener –?

GUDMUND. Jeg gemte den, fordi

jeg tænkte, med den at løse mig fri,
hvis kongens mænd skulde komme mig nær.
Men alt fra ikveld har den mistet sit værd;
nu vil jeg stride med arm og med sværd,
byde frænder og venner op til det sidste,
for min frihed og livet at friste.
(vil kaste flasken imod et fjeldstykke.)

MARGIT *(griber hans arm).* Nej vent! Lad mig få den.
Se så!

GUDMUND. Du vil –?

MARGIT. Skænke den til nøkken dernede.
Han har mig så tidt forlystet med sit spil
og sunget mig mangt underligt kvæde.
Giv hid.
(tager flasken ud af hans hånd.)
Der er den!
(lader som om hun kasted den i elven.)

GUDMUND *(går mod højre og ser ned i dybet).* Kasted du den ud?

MARGIT *(idet hun skjuler flasken).* Ja visst; du så jo –
(hvisker, går hen imod huset.)
Nu hjælpe mig gud!
Nu må det briste eller bære!
(højere.)
Hør, Gudmund!

GUDMUND *(nærmer sig).* Hvad vil du?

MARGIT. Et må du mig lære;
du må tyde mig grant det gamle kvæde,
som er gjort om kirken dernede.
Det var sig en frue og dertil en svend;
alt så havde de hinanden kær.
Den dag de bar hende til jorden hen,

han blødede ved sit sværd.
Hun jordedes syd under kirkevæg,
han stædtes til mulde i nord; –
der trivedes fordum hverken siljer eller hæg
alt i den viede jord; –
men næste vår på de grave to
der vokste de fagreste liljeblommer;
over kirketaget så monne de gro
og grønnes tilhobe både vinter og sommer.
Kan du tyde mig det kvæde?

GUDMUND *(ser forskende på hende).* Jeg véd ikke ret –

MARGIT. Vel sandt, det kan tydes på mange sæt;
men jeg tror nu den retteste mening er:
kirken kan ej skille to, som har hinanden kær.

GUDMUND *(sagte).* Alle helgener, dersom –! Da er det på tide,
at hun får det hele at vide.
(højt.)
Svar mig, Margit, – vil du mit held?

MARGIT *(glad, bevæget).* Om jeg vil!

GUDMUND. Ja, jeg mener –

MARGIT. Sig frem!

GUDMUND. Nu vel.
Du kunde gøre mig så rig og så fro –

MARGIT *(frembrydende).* Gudmund!

GUDMUND. Hør mig; jeg vil dig fortro –
(Han standser pludselig. Stemmer og latter høres henne ved elvebredden.)
(Signe og nogle unge piger kommer fra højre. Knut, Erik og flere yngre mænd er i følge med dem.)

KNUT *(endnu i frastand).* Gudmund Alfsøn! Vent; jeg må tale et ord med dig.

(Han bliver stående i samtale med Erik. De øvrige fremmede går imidlertid ind i huset.)

MARGIT *(for sig selv)*. Gøre ham så rig og fro –! Hvad kan han andet mene, end –! *(halvhøjt.)* Signe, – kære, kære søster!

(Hun griber Signe om livet og går samtalende med hende op mod baggrunden.)

GUDMUND *(sagte, idet han følger dem med øjnene)*. Ja, sådan er det rådeligst. Både Signe og jeg må fra Solhaug. Knut Gæsling har jo vist sig som min ven; han hjælper mig nok.

KNUT *(sagte til Erik)*. Jo, jo, siger jeg; Gudmund er hendes frænde; han kan bedst tale min sag.

ERIK. Nå, som du vil da.

(han går ind i huset.)

KNUT *(kommer nærmere)*. Hør, Gudmund –

GUDMUND *(smilende)*. Kommer du for at sige mig, at du ikke længer tør lade mig gå fri?

KNUT. Tør? Vær du rolig for det; Knut Gæsling tør alt, hvad han vil. Nej, det er noget andet. – Du véd jo, jeg gælder her i bygden for en vild, ustyrlig karl –

GUDMUND. Ja, og hvis ikke rygtet lyver, så –

KNUT. Å nej, mangt og meget kan jo være sandt nok. Men nu skal du høre –

(de går i samtale opover mod baggrunden.)

SIGNE *(til Margit, idet de kommer nedover ved huset)*. Jeg forstår dig ikke. Du taler, som om en uventet lykke var bleven dig til del. Hvad er det vel, du mener?

MARGIT. Signe, – du er et barn endnu; du véd ikke

43

hvad det vil sige at færdes i en evig rædsel for
at –. *(pludselig afbrydende.)* Tænk dig, Signe, at måtte
visne og dø uden at have levet!

SIGNE *(ser forundret og hovedrystende på hende)*. Nej men,
Margit –?

MARGIT. Ja, ja, du fatter det ikke; lige godt –
(de går samtalende opover igen.)
(Gudmund og Knut kommer nedover på den anden side.)

GUDMUND. Nu, hvis det er sådan fat, – dersom dette
vilde liv ikke huer dig længer, så vil jeg skænke
dig det bedste råd, som nogen ven har i eje: fæst
dig en ærbar ungmø til hustru.

KNUT. Se, se. Og hvis jeg nu sagde dig, at det er
lige det samme, jeg har tænkt på?

GUDMUND. Held og lykke da, Knut Gæsling! Og nu må
du vide, at også jeg –

KNUT. Du? Går du også med slige tanker?

GUDMUND. Ja vel gør jeg; – men kongens vrede –; jeg
er jo en fredløs mand –

KNUT. Ej, det skal du lidet agte. Der er jo ingen
her, uden fru Margit, som véd besked om det endnu;
og så længe jeg er din ven, så har du en, du fuldt
kan lide på. Hør nu bare –
(han fortsætter hviskende, idet de igen går opover.)

SIGNE, *(idet hun og Margit atter kommer tilbage)*.
Men så sig mig da, Margit –!

MARGIT. Mere tør jeg ikke sige dig.

SIGNE. Da vil jeg være ærligere mod dig. Men svar
mig først på et. *(undsélig, nølende.)* Er der – er der
ingen, som har sagt dig noget om mig?

MARGIT. Om dig? Nej; hvad skulde det være?

SIGNE, *(som før; ser ned for sig).*
Du spurgte mig imorges: hvis en bejler red
sig hid –?
MARGIT. Det er sandt. *(sagte.)* Knut Gæsling –; skulde
han allerede –? *(spændt, til Signe.)* Nu? Og så?
SIGNE *(sagte, jublende).* Bejleren er kommen! Han er kommen,
Margit!
Dengang vidste jeg ikke, hvem du mente; men nu –!
MARGIT. Og hvad har du svaret ham?
SIGNE. Å, det véd jeg ikke. *(slår armene om hendes hals.)*
Men verden tykkes mig så fager og rig fra den
stund, han sagde mig, at han havde mig kær.
MARGIT. Men, Signe, Signe; jeg fatter ikke, at du så
snart –! Du har jo neppe kendt ham før idag.
SIGNE. Å, jeg forstår mig endnu så lidet på kærlighed;
men det véd jeg, sandt er det, som der står i visen:
den spirer så let; i den flygtigste stund
fæster den rødder i hjertets grund –
MARGIT. Lad så være. Og når så er, da har jeg ikke
længer nødig at dølge noget for dig. Ah –
*(Hun standser pludselig, da hun ser Knut og Gudmund komme
nærmere.)*
KNUT *(fornøjet).* Se, det må jeg vel lide, Gudmund. Her er
min hånd.
MARGIT *(sagte).* Hvad er det?
GUDMUND *(til Knut).* Og her er min.
(de ryster hinandens hænder.)
KNUT. Men nu vil vi også nævne, begge to, hvem
det er –
GUDMUND. Godt. Her på Solhaug, mellem alle de fagre
kvinder, har jeg fundet den, som –

KNUT. Jeg lige så. Og jeg fører hende herfra endnu
inat, hvis det gøres behov.
MARGIT, *(der ubemærket har nærmet sig).*
Alle helgener!
GUDMUND *(nikker til Knut).* Det samme er også min agt.
SIGNE, *(der ligeledes har lyttet).*
Gudmund!
GUDMUND og KNUT, *(hviskende til hinanden, idet de begge peger på Signe).*
Der er hun.
GUDMUND *(studsende).* Ja, min.
KNUT *(ligeså).* Nej, min!
MARGIT *(sagte, halvt orvildet).*
Signe!
GUDMUND *(som før, til Knut).* Hvad mener du med det?
KNUT. Det er jo Signe, som jeg vil –
GUDMUND. Signe! Signe er min fæstemø for gud.
MARGIT *(med et skrig).* Hende var det! Nej, – nej!
GUDMUND *(sagte, idet han ser hende).* Margit! Hun har hørt alt.
KNUT. Ej, ej; er det sådan fat? Hør, fru Margit, I
har ikke nødig at lade så forundret; jeg skønner nu
det hele.
MARGIT *(til Signe).* Men du sagde jo nys –? *(fatter pludselig sammenhængen.)* Gudmund var det, du mente!
SIGNE *(forundret).* Ja, vidste du ikke det! Men hvad fattes dig, Margit?
MARGIT *(med næsten toneløs stemme).* Å intet, intet.
KNUT *(til Margit).* Og imorges, da I fik mit ord på, at jeg ingen
ufred skulde yppe her ikveld, – I har da vidst, at
Gudmund Alfsøn var ivente. Ha, ha, bild jer aldrig
ind, at I kan drive gæk med Knut Gæsling! Signe

er bleven mig kær. Endnu før middag var det bare
mit ubesindige løfte, som drev mig til at bejle efter
hende; men *nu* –
SIGNE *(til Margit)*. Han? *Det* var bejleren, du tænkte på?
MARGIT. Stille, stille!
KNUT *(hårdt og bestemt)*. Fru Margit, – I er hendes ældre søster; et
svar skal I give mig.
MARGIT *(kæmpende med sig selv)*. Signe har alt kåret sin
brudgom; – jeg kan
intet svare.
KNUT. Det er godt; så har jeg ikke mere at gøre på
Solhaug. Men efter midnat, – mærk jer det, –
da er dagen til ende; da tør I nok få se mig igen,
og så får lykken råde for, hvem der skal føre Signe
fra gården, Gudmund eller jeg.
GUDMUND. Ja, prøv du kun; det skal koste dig så blodig
en pande!
SIGNE *(angst)*. Gudmund! For alle helgener –!
KNUT. Vær spag; vær bare spag, Gudmund Alfsøn!
Før solen rinder skal du være i min magt. Og hun,
– din fæstemø –. *(går hen til døren, vinker og råber dæmpet.)*
Erik! Erik, kom her! Afsted til vore frænder! *(truende, mens Erik
viser sig i døren.)* Ja, ve jer alle, når jeg kommer
igen!
(Han og Erik går ud til venstre i baggrunden.)
SIGNE *(sagte til Gudmund)*. Å, men så sig mig, hvad skal alt dette
betyde.
GUDMUND, *(hviskende)*.
Vi må begge rejse fra Solhaug endnu inat.
SIGNE. Gud stå mig bi, – du vil –!
GUDMUND. Tal ikke om det! Ikke et ord til noget menneske;

ikke engang til din søster.

MARGIT *(hen for sig).* Hende, – hende er det! Hende, som han knapt har tænkt på før ikveld. Havde jeg været fri, så véd jeg nok hvem han havde kåret. – Ja, fri!

(Bengt og gæsterne, mænd og kvinder, kommer ud fra huset.)

UNGE PIGER og SVENDE *(synger).*
Herude, herude skal gildet stå,
alt mens de fugle blunde,
hvor lystigt at lege mellem blomster små
i birkelunde.

Herude, herude skal lyst og skemt
lyde fra alle munde,
al kvide må ende, når fedlen er stemt
i birkelunde.

BENGT. Se, sådan skal det være! Det må jeg lide!
Jeg er lystig, og min hustru ligervis; og derfor skal
I være lystige alle sammen.

EN AF GÆSTERNE. Ja, lad os nu få en stevkamp!

MANGE *(råber).* Ja, ja, en stevkamp!

EN ANDEN GÆST. Nej, lad være med det; det vækker bare ufred i laget. *(med dæmpet stemme.)* I drages vel til minde, at Knut Gæsling er på gården ikveld.

FLERE *(hviskende mellem hverandre).* Ja, ja, det er sandt. I mindes sidst, da han –.
Det er bedst at vogte sig.

EN GAMMEL MAND. Men I, fru Margit –; jeg véd, eders slægt var altid sagnkyndig, og I selv kunde mange vakkre eventyr, alt imens I var barn.

MARGIT. Ak, jeg har glemt dem alle tilhobe. Men spørg Gudmund Alfsøn, min frænde; han kender et eventyr, som er lystigt nok.

GUDMUND *(dæmpet, bedende).* Margit –!

MARGIT. Ej, hvilket klageligt ansigt du sætter op! Vær lystig, Gudmund! Vær lystig! Ja, ja, det falder dig ikke så let, kan jeg tro. *(leende, til gæsterne.)* Han har set huldren ikveld. Hun vilde forlokke ham; men Gudmund er en trofast svend. *(vender sig atter til Gudmund.)* Nu ja, eventyret er ikke endt endnu. Når du fører din hjertenskær over hej og gennem skove, så vend dig aldrig om; se dig aldrig tilbage; – huldren sidder bag hver en busk og ler; og til slut – *(med dæmpet stemme, idet hun træder tæt hen til ham:)* kommer du dog ikke længer end hun vil.

(hun går over mod højre.)

SIGNE *(sagte).* Å gud, å gud!

BENGT *(går fornøjet om mellem gæsterne).* Ha, ha, ha! Fru Margit véd at sætte det sammen! Når hun først vil, så gør hun det meget bedre end jeg.

GUDMUND *(for sig selv).* Hun truer; jeg må rive det sidste håb fra hende; før bliver hun ikke rolig tilsinds. *(vender sig til de fremmede.)* Jeg kender et lidet kvæde. Hvis det lyster eder at høre, så –

FLERE AF GÆSTERNE. Tak, tak, Gudmund Alfsøn!

(Man slutter sig om ham, nogle siddende, andre stående. Margit læner sig til et træ foran til højre. Signe står til venstre nær ved huset.)

GUDMUND *(synger).*
Jeg red mig udi lunde,
jeg sejled over sø;
det var sig i mit væne hjem,

der fæsted jeg min mø.
Det var den alfekvinde,
hun er så led og gram:
ret aldrig skal den jomfru skær
til kirken følge ham.
Hør mig, du alfekvinde,
lad fare den besvær;
to hjerter kan ej skilles ad,
som har hinanden kær!

EN GAMMEL MAND. Det er et vakkert kvæde. Se, hvor de unge svende skotter did hen. *(peger mod pigerne.)* Ja, ja, hver har vel sin, kan jeg tro.

BENGT *(gør miner til Margit).* Ja, jeg har min, det véd jeg visst. Ha-ha-ha!

MARGIT *(sagte, bævende).* Å, at måtte lide al den spot og spe! Nej, nej;
nu må den sidste redning fristes.

BENGT. Hvad fattes dig? Mig tykkes, du er så bleg.

MARGIT. Det går snart over. *(vender sig til gæsterne.)* Det bæres mig for, som jeg nys sagde, jeg havde glemt alle mine eventyr. Men jeg tror dog, jeg mindes et.

BENGT. Ret så, min hustru! Kom med det.

UNGE PIGER *(bedende).* Ja, fortæl, fortæl, fru Margit!

MARGIT. Næsten er jeg bange for, det vil lidet hue jer;
men det får nu være.

GUDMUND *(sagte).* Alle helgener, hun vil da vel ikke –!

MARGIT. Det var sig en ungmø fager og fin,
hun sad i sin faders gård;
hun sømmed i silke, hun sømmed i lin; –
så lidet den gammen forslår.

Hun sad så ene med sorrig og gru;
der var tomt i hal og i stue;
den jomfru liden var stolt i hu,
hende lysted at vorde en adelsfrue. –
Det var sig bergkongen, red han fra nord,
kom han til gårde med guld og med svende;
tredje dags natten hjemad han foer
alt med sin brud, – med hende.
I berget sad hun hel mangen sommer,
af guldhorn kunde hun mjøden tømme,
i dalen trives de yndigste blommer, –
hun sanked dem kun i drømme. –
Det var sig den ungersvend bold og god;
vel kunde han lege på gyldne strenge;
det klang til bergets inderste rod,
hvor hun havde siddet så længe.
Så underligt blev hun tilsinde derved; –
op sprang fjeldets port som en bue;
over dalene lå gud faders fred,
og al den herlighed kunde hun skue.
Det var som om nu, for første gang,
hun var vækket til liv ved harpeklang,
som om hun først nu forstod at finde
den rigdom, verden slutter inde.
Og vel må I vide, hver og en,
at den, som er fængslet til fjeldets sten,
kan løses så let ved harpeleg!
Han så hende bunden, hørte hun skreg, –
men han slængte sin harpe bort i en vrå,
hejsede silkesejlet i rå,
stævnede over den salte sø

til fremmede lande med sin fæstemø.
(i stigende lidenskab.)
Du legte så fagert på strengenes guld;
thi svulmer min barm så kæk og fuld!
Jeg må ud, jeg må ud i de grønne dale!
Jeg dør herinde i fjeldets sale!
Han håner mig kun! Han favner sin mø
og stævner over den salte sø!
(skriger.)
Med mig er det ude; berget er lukket!
Solen lyser ikke mere; alle stjerner er slukket.
(hun vakler og segner afmægtig over mod en træstamme.)
SIGNE *(grædende, er ilet til og opfanger hende i sine arme).*
GUDMUND *(på samme tid, støtter hende).* Hjælp, hjælp; hun dør!
(Bengt og gæsterne stimler under forskrækkede udråb sammen om dem.)

TREDJE AKT

(Stuen på Solhaug ligesom før men nu i uorden efter gildet. Det er fremdeles nat; en mild dæmring er udbredt over værelset og over landskabet udenfor.)
(Bengt står i den åbne svalegang med en ølbolle i hånden. En flok gæster er i færd med at forlade gården. Inde i stuen går en pige og rydder op.)

BENGT *(råber til de bortdragende.)*
Guds fred da, og vel mødt igen på Solhaug!
I kunde ellers gerne blevet her og sove ud, I, lige
så vel som de andre. Nå ja, ja –; nej vent; jeg
følger med til ledet; jeg må drikke jer til endnu
en gang.

GÆSTERNE *(synger i frastand).*
Guds fred og farvel til hver og en,
som har på gården hjemme!
Nu går vor sti over stok og sten; –
frisk op; du må fedlen stemme!
Med dans og med sang
skal vi korte den vej så tung og lang.
Hej, lystig afsted!

(Sangen taber sig mere og mere i det fjerne.)
(Margit kommer ind i stuen gennem døren til venstre.)
PIGEN. Krist fri mig, min frue, er I stået op?
MARGIT. Jeg er frisk og vel; du kan gå ned og sove.
Vent; sig mig, er alle gæsterne borte?

PIGEN. Nej, ikke alle; en del bliver til udover dagen;
de sover visst allerede.
MARGIT. Og Gudmund Alfsøn –?
PIGEN. Han sover nok også. *(peger mod højre.)* For lidt
siden gik han ind i sit kammer, der, lige over
gangen.
MARGIT. Godt; du kan gå.
(Pigen går ud til venstre.)
(Margit går langsomt hen over gulvet, sætter sig ved bordet til højre og ser ud mod det åbne vindu.)
MARGIT. Imorgen så drager vel Gudmund herfra,
han drager vel ud i den verden vide;
jeg sidder igen med min husbond, og da –;
mig vil det gå som blomsterne små,
som den fattige urt, som det knækkede strå, –
jeg har kun at visne og lide.
(kort ophold; hun læner sig i stolen.)
Jeg hørte en gang om et blindfødt barn,
som voksede op i leg og i glæde;
moderen spandt et trolddoms-garn,
som mægtede lys over øjet at sprede.
Og barnet skued med undrende lyst
over berg og sø, over dal og kyst.
Da svigted de koglende kunster brat,
og barnet gik atter i mulm og nat;
det var forbi med gammen og lege;
af savn og længsel blev kinderne blege;
det sygnede hen og leved alle dage
i en evig, en unævnelig klage. –
Ak, også mine øjne var blinde
for sommerens liv og for lysets skær –

(hun springer op.)
Men *nu* –! Og så stænges i buret inde!
Nej, nej, min ungdom er mere værd.
Tre år af mit liv har jeg offret ham,
min husbond; men nu må det briste.
Mægted jeg længere sligt at friste,
måtte jeg være som duen tam.
Her kedes jeg tildøde af smålig kiv;
gennem verden går der et bølgende liv; –
Gudmund vil jeg følge med skjold og med bue,
dele hans fryd og mildne hans kummer,
vogte hans fjed og værge hans slummer;
alt folket skal undrende stå, når de skue
den bolde ridder og Margit, hans viv. –
Hans viv!
(slår hænderne sammen.)
Å herre, tilgiv, tilgiv;
jeg véd ikke selv, hvad jeg taler.
Send mig din fred, som læger og svaler.
(går en stund i grublende taushed.)
Signe, min søster –? Hende jeg skulde
lægge før tiden i mulde?
Og dog –? Hvem véd? Hun er ung endnu;
hun bærer ham vel ikke så dybt i sin hu.
(atter taushed; hun tager den lille flaske frem, ser længe på den og siger sagte:)
I denne flaske –; med den jeg kunde –;
så måtte min husbond for evig blunde.
(i skræk.)
Nej, nej, den skal kastes på elvens bund!
(vil kaste den ud af vinduet, men standser.)

Og dog, – jeg kunde i denne stund –.
(hvisker med et blandet udtryk af gysen og henrykkelse.)
Hvad for en fristende, koglende magt
er der dog ikke i synden lagt!
Mig tykkes, den lykke vinder i pris,
som må købes med blod, med min sjæls forlis.
(Bengt, med den tomme ølbolle i hånden, kommer ind fra svalegangen; hans ansigt blusser; han går med usikkre skridt.)
BENGT *(slænger bollen på bordet til venstre)*. Se så; det var et gilde, som vil spørges ud
over alle bygder. *(får øje på Margit.)* Nå, er du der?
Du er kommen dig igen. Det må jeg lide.
MARGIT, *(der imidlertid har gemt flasken)*.
Er porten lukket?
BENGT *(sætter sig ved bordet til venstre)*. Jeg har sørget for al ting. Jeg fulgte de sidste
gæster ned til ledet. Men hvor blev Knut Gæsling
af ikveld? – Lad mig få mjød, Margit! Jeg er
tørstig. Fyld mig bægeret der.
(Margit henter en mjødkande fra et skab og skænker i bægeret, der står foran ham på bordet.)
MARGIT *(går med kanden over til højre)*. Du spurgte om Knut
Gæsling.
BENGT. Ja visst gjorde jeg. Den praler, – den storskryder!
Jeg mindes nok, at han trued mig igår
morges.
MARGIT *(sætter kanden på bordet til højre)*. Han brugte værre ord
inat, da han rejste.
BENGT. Gjorde han? Det er godt. Jeg vil slå ham
ihjæl.
MARGIT *(smiler foragteligt)*. Hm –

BENGT. Jeg vil slå ham ihjæl, siger jeg! Jeg er ikke
ræd for at møde ti slige karle som han. Ude på
stabburet hænger min farfaders økse; skaftet er indlagt
med sølv, og når jeg kommer med *den*, så –!
(slår i bordet og drikker.) Imorgen ruster jeg mig; jeg
drager ud med alle mine mænd og slår Knut Gæsling
ihjæl.
(han drikker tilbunds.)
MARGIT *(sagte)*. Å, at måtte leve her med ham!
(hun vil gå.)
BENGT. Margit, kom her! Fyld mig mit bæger igen.
(hun nærmer sig; han drager hende ned på sit knæ.) Ha-ha-ha;
du er vakker, Margit! Jeg holder af dig.
MARGIT *(river sig løs)*. Slip mig!
(hun går med bægeret over til højre.)
BENGT. Du er ikke føjelig ikveld. Ha-ha-ha; du mener
det vel ikke så ilde.
MARGIT *(sagte idet hun skænker i bægeret)*. Var det så sandt det
sidste bæger jeg skænkte
for dig.
(hun lader bægeret blive stående og vil gå ud til venstre.)
BENGT. Hør du, Margit. En ting kan du takke himlen
for, og det er, at jeg tog dig tilægte, før Gudmund
Alfsøn kom igen.
MARGIT *(standser ved døren)*. Hvorfor det?
BENGT. Jo, for hele hans eje er ikke tiende delen så
stort som mit. Og det er jeg sikker på, at han
havde bejlet efter dig, ifald du ikke havde været
frue på Solhaug.
MARGIT *(kommer nærmere; skotter til bægeret)*. Tror du?
BENGT. Jeg tør sværge på det, Margit. Bengt Gautesøn

har to kloge øjne i panden. Men nu kan han jo
tage Signe.

MARGIT. Og du tænker, han vil –?

BENGT. Tage hende? Å ja, siden han ikke kan få dig.
Men havde du været fri, så –. Ha-ha-ha, Gudmund
er ligesom de andre; han misunder mig, at jeg er
din husbond. Det er derfor, jeg kan så godt lide
dig, Margit. – Hid med bægeret! Fuldt til randen!

MARGIT *(går modstræbende over til højre)*. Ret nu skal du få det.

BENGT. Knut Gæsling bejlede jo også efter Signe; men
ham vil jeg slå ihjæl. Gudmund er en hæderlig
karl; han skal få hende. Tænk dig, Margit, hvor
godt vi skal leve sammen som grander. Så drager
vi på gæsteri til hinanden, og så sidder vi, så lang
dagen er, hver med sin hustru på skødet, og drikker
og snakker sammen om løst og fast.

MARGIT *(røber en stedse stigende sjælekamp; uvilkårligt har hun
taget flasken frem, medens hun siger:)*
Ja vel; ja vel.

BENGT. Ha-ha-ha; i førstningen, tænker jeg, Gudmund
vil se lidt umildt til mig, når jeg favner dig; men
sligt forvinder han snart, kan jeg tro.

MARGIT *(sagte)*. Dette er mere end et menneske kan bære!
*(hælder indholdet af flasken i bægeret, går hen til vinduet, kaster
den ud og siger uden at se på ham:)* Dit bæger er fuldt.

BENGT. Så hid med det!

MARGIT *(kæmper i angst og tvil; endelig siger hun)*:
Drik ikke mere inat!

BENGT *(leende, idet han læner sig bagover i stolen)*:
Nå; venter du kanske på mig? *(blinker til hende.)*
Gå du bare; jeg kommer snart efter.

MARGIT *(pludselig bestemt)*. Dit bæger er fuldt. *(peger.)* Der står det.
(hun går hurtigt ud til venstre.)
BENGT *(rejser sig)*. Jeg kan godt lide hende. Det angrer mig ikke, at jeg tog hende til ægte, skønt hun ikke ejed mere arvegods, end bægeret der og de søljer, hun stod brud med.
(han går til bordet ved vinduet og tager bægeret.)
(En huskarl kommer ilsomt og forskrækket ind fra baggrunden.)
HUSKARLEN *(råber)*. Herr Bengt, herr Bengt, I skynde jer ud det rappeste I kan! Knut Gæsling stævner med et væbnet følge op mod gården.
BENGT *(sætter bægeret ned)*. Knut Gæsling? Hvem siger det?
HUSKARLEN. Nogle af eders gæster så ham nede på vejen, og så løb de ilsomt tilbage for at vare jer ad.
BENGT. Godt; så skal jeg da også –! Hent mig min farfaders økse!
(han og huskarlen går ud i baggrunden.)
(Lidt efter kommer Gudmund og Signe sagte og varsomt ind gennem døren til højre.)
SIGNE *(dæmpet)*. Det må da så være!
GUDMUND *(ligeså)*. Den yderste nød tvinger os.
SIGNE. Ak, at drage som flygtning fra bygden, hvor jeg er født –!
(tørrer øjnene.)
Og dog, jeg vil ikke klage; det er jo for din skyld, jeg drager afsted.
Gudmund, havde du kongens fred, jeg blev hos min søster.
GUDMUND. Og næste dag

så kom Knut Gæsling med sværd og bue,
og løfted dig op på gangerens bag,
og gjorde dig til sin frue.

SIGNE. Å, lad os flygte! Men hvor går vi hen?

GUDMUND. Ude ved fjorden har jeg en ven;
han skaffer os et skib. Over salte vande
sejle vi ned til de danske strande.
Der, kan du tro, det er dejligt at bo;
der vil du finde det fagert at bygge;
der monne de væneste blomster gro
alt under bøgenes skygge.

SIGNE *(brister i gråd).* Min arme søster, – far vel, far vel!
Som en moder har du mig vogtet og fredet,
har ledet min fod, har til himlen bedet
den frommeste bøn for mit held. –
Se, Gudmund, – lad os i dette bæger
drikke hende til; lad os ønske, at snart
hendes sind må igen vorde frejdigt og klart,
og at gud hendes kvide læger.
(hun tager bægeret.)

GUDMUND. Det vil vi; vi drikke tilbunds for hende.
(studsende.)
Nej stands!
(tager bægeret fra hende.)
Dette bæger skulde jeg kende.

SIGNE. Det er Margits bæger.

GUDMUND *(ser nøje på det).* Ved himlen, – ja,
nu mindes jeg –. Dengang jeg drog herfra
monne mosten i bægeret gløde;
hun drak mig til på et frydeligt møde;
men det blev hende selv til sorg og nød.

Nej, Signe, drik aldrig most eller mjød
af dette bæger.
(slår indholdet ud af vinduet.)
Vi må afsted.
(Larm og råb udenfor i baggrunden.)
SIGNE. Hys! – Gudmund, jeg hører stemmer og fjed!
GUDMUND *(lyttende).* Knut Gæslings røst!
SIGNE. Å, frels os, gud!
GUDMUND *(stiller sig foran hende).* Frygt ikke; vel skal jeg værge min brud.
(Margit kommer ilsomt fra venstre.)
MARGIT *(lyttende til larmen).* Hvad gælder det? Er min husbond –?
GUDMUND og SIGNE. Margit!
MARGIT *(får øje på dem).* Gudmund! Og Signe! Er I her?
SIGNE *(imod hende).* Margit, – kære søster!
MARGIT *(forfærdet, idet hun bemærker bægeret, som Gudmund har beholdt i hånden).* Bægeret! Hvem har tømt det?
GUDMUND *(forvirret).* Tømt –? Jeg og Signe, vi vilde –
MARGIT *(skriger).* Nåde, nåde! Hjælp! De dør!
GUDMUND *(sætter bægeret fra sig).* Margit –!
SIGNE. Å gud, hvad fejler dig!
MARGIT *(mod baggrunden).* Hjælp, hjælp! Vil da ingen hjælpe!
(En huskarl kommer skyndsomt fra svalegangen.)
HUSKARLEN *(råber forskrækket):*
Fru Margit! Eders husbond –!
MARGIT. Han! Har også han drukket –?
GUDMUND *(sagte).* Ah, nu fatter jeg –
HUSKARLEN. Knut Gæsling har fældet ham!
SIGNE. Fældet!
GUDMUND *(drager sværdet).* Endnu ikke, vil jeg håbe. *(hvisker til Margit.)* Vær

rolig; ingen har drukket af bægeret der.

MARGIT. Da priset være gud, som frelste os alle!

(hun synker ned i en stol til venstre. Gudmund vil ile ud i baggrunden.)

EN ANDEN HUSKARL (i døren, standser ham). I kommer for sent. Herr Bengt er død.

GUDMUND. Altså dog fældet.

HUSKARLEN. Gæsterne og eders folk har fåt bugt med voldsmændene.

Knut Gæsling og hans mænd er bundne.

Der kommer de.

(Gudmunds svende, gæster og huskarle fører Knut Gæsling, Erik fra Hægge og flere af Knuts mænd bundne mellem sig.)

KNUT (bleg og stille). Manddraber, Gudmund. Hvad siger du til det?

GUDMUND. Knut, Knut, hvad har du gjort?

ERIK. Det var en vådesgerning, det kan jeg sværge på.

KNUT. Han løb imod mig med løftet økse; jeg vilde værge for mig, og så hug jeg uforvarende til.

ERIK. Her er mange, som så på det.

KNUT. Fru Margit, kræv hvad bod I vil; jeg er rede til at betale den.

MARGIT. Jeg kræver intet. Gud må dømme os alle.

Dog jo, – et kræver jeg; lad fare eders onde anslag imod min søster.

KNUT. Aldrig skal jeg mere prøve på at løse mit usalige løfte. Tro mig, jeg skal bedre mig. Bare jeg ikke får lide en uhæderlig straf for min gerning.

(til Gudmund.) Skulde du komme til ære og værdighed igen, så tal godt for mig hos kongen.

GUDMUND. Jeg? Endnu før dagen er omme, må jeg ud af landet.

(Studsen blandt gæsterne; Erik forklarer dem hviskende sammenhængen.)

MARGIT *(til Gudmund).* Du rejser? Og Signe vil følge dig?

SIGNE *(bedende).* Margit!

MARGIT. Lykke være med jer begge!

SIGNE *(om hendes hals).* Kære søster!

GUDMUND. Tak, Margit. Og nu farvel. *(lyttende.)* Hys; jeg hører hovslag i gården.

SIGNE *(angst).* Der kommer fremmede folk!

EN HUSKARL *(i døren i baggrunden).* Kongens mænd står udenfor. De søger Gudmund Alfsøn.

SIGNE. Å, herre i himlen!

MARGIT *(farer op i skræk).* Kongens mænd!

GUDMUND. Så er alt forbi! Å, Signe, at miste dig nu, – det var det tungeste, jeg kunde friste.

KNUT. Nej, Gudmund, dyrt skal du sælge livet; løs os; vi er alle rede til at slå for dig.

ERIK *(ser ud).* Det nytter ikke; de er os for mandstærke.

SIGNE. De kommer her ind! Å Gudmund, Gudmund!

(Kongens sendebud med følge kommer ind fra baggrunden.)

SENDEBUDET. I kongens navn og ærend søger jeg eder, Gudmund Alfsøn.

GUDMUND. Godt. Men jeg er skyldfri, det sværger jeg højt og dyrt!

SENDEBUDET. Det véd vi alle.

GUDMUND. Hvorledes?

(Bevægelse blandt de forsamlede.)

SENDEBUDET. Jeg har befaling at byde eder til gæst i kongens gård. Han skænker eder sit venskab som før, og rige forleninger dertil.

GUDMUND. Signe!
SIGNE. Gudmund!
GUDMUND. Men så sig mig da –?
SENDEBUDET. Eders avindsmand, kansleren Audun Hugleiksøn
er falden.
GUDMUND. Kansleren!
GÆSTERNE *(halvhøjt, til hverandre)*. Falden!
SENDEBUDET. For tre dage siden mistede han hovedet i Bergen,
(med dæmpet stemme.) Han havde krænket Norges dronning.
MARGIT *(går hen mellem Gudmund og Signe)*. Så følger straffen i
brødens fjed!
Skærmende engle, fromme og milde,
har nådigt skuet inat til mig ned
og reddet mig før det var for silde.
Nu véd jeg, at livet vil mere sige
end jordens gammen, end verdens rige.
Jeg har følt den anger, den rædsel vild,
som kommer, når sjælen er sat på spil. –
Til den hellige Sunnives kloster jeg går –.
(da Gudmund og Signe vil tale.)
Stille! At rokke mig intet formår.
(lægger deres hænder sammen.)
Gudmund, – før hende hjem som brud.
Eders pagt er from; den skærmes af gud!
(Hun vinker til afsked og går mod venstre. Gudmund og Signe vil følge hende. Margit standser dem med en afværgende bevægelse, går ud og lukker døren efter sig. I samme øjeblik står solen op og kaster sit skær ind i stuen.)
GUDMUND. Signe, – min viv! – Se, dagen rinder;
det er vor unge kærligheds dag!
SIGNE. Mine bedste drømme, mine fagreste minder

skylder jeg dig og din harpes slag.
Min ædle sanger, – i sorrig og lyst
slå kun din harpe, som bedst du lærte;
tro mig, der er strenge dybt i mit bryst,
som skal svare dig i fryd og i smerte.

KORSANG *(af mænd og kvinder)*.

Over jorden vogter lysets øje,
værner kærligt om den frommes fjed,
sender trøstens milde stråler ned; –
lovet være herren i det høje!

Also available from JiaHu Books:

Brand - Henrik Ibsen
Et Dukkhjem – Henrik Ibsen
(Norwegian/English Bilingual text also available)
Peer Gynt – Henrik Ibsen
Hærmændene på Helgeland – Henrik Ibsen
Fru Inger til Østråt - Henrik Ibsen
Gengangere – Henrik Ibsen
Catilina – Henrik Ibsen
De unges Forbund – Henrik Ibsen
Synnøve Solbakken - Bjørnstjerne Bjørnson
Det går an by Carl Jonas Love Almqvist
Drottningens Juvelsmycke by Carl Jonas Love Almqvist
Röda rummet – August Strindberg
Fröken Julie/Fadren/Ett dromspel by August Strindberg
Nils Holgerssons underbara resa genom Sverige - Selma Lagerlöf
The Little Mermaid and Other Stories (Danish/English Texts) - Hans-Christian Andersen
Egils Saga (Old Norse and Icelandic)
Brennu-Njáls saga (Icelandic)
Laxdæla Saga (Icelandic)
Die vlakte en andere gedigte (Afrikaans) - Jan F.E. Celliers

www.ingramcontent.com/pod-product-compliance
Lightning Source LLC
Chambersburg PA
CBHW031423040426
42444CB00005B/691